REFLEXIONS
D'UN SOUSCRIPTEUR
DE L'ENCYCLOPÉDIE,

Sur le Procès intenté aux Libraires associés à cet Ouvrage, par M. LUNEAU DE BOIS-JERMAIN.

ON étoit bien éloigné en 1765 de penser que l'Encyclopédie pût devenir l'occasion d'un procès contre les Libraires associés qui l'ont entreprise. On la lisoit, on l'admiroit depuis long-tems, & le plus grand de ses défauts étoit qu'elle ne fût pas achevée. Assurés que les Libraires faisoient tous leurs efforts pour obtenir une tolérance qui les mît en état de remplir le vœu général, les Souscripteurs attendoient avec patience que des circonstances plus favorables permissent de donner la suite d'un Ouvrage dont la Littérature Françoise devoit retirer le plus grand honneur. Les Libraires jaloux de répondre à la confiance flateuse qu'on leur avoit témoignée, avoient déja acquitté leurs engagemens pécuniaires, & soupiroient après l'instant de prouver leur reconnoissance en procurant les derniers Volumes. Le moment desiré fut le commencement de l'année 1766. Un Libraire étranger ayant, dans le silence, imprimé les Manuscrits qui lui avoient été cédés, en annonça la publication. L'accueil fut général ; chacun s'empressa de compléter ce Livre précieux, & de jouir enfin du fruit de tant d'années d'attente. C'est lorsque cet Ouvrage a reçu les éloges qu'il mérite ; lorsque tous les Peuples y applaudissent & cherchent à se l'approprier en l'imitant ; lorsque ceux

A

à qui nous le devons, croient avoir bien mérité de leurs contemporains, qu'un homme, un seul homme vient apprendre à Paris, à la France entière que l'Encyclopédie n'eſt pas ce que nous ſouhaitions depuis vingt-cinq ans ; qu'elle n'eſt pas dans la forme que nous la voulions ; qu'elle contient trop de Volumes ; enfin que les Libraires ont trompé quatre mille tant Princes, Grands, Magiſtrats, que Gens de Lettres, en leur donnant un *caractere d'impreſſion* différent de celui qu'on leur avoit promis par le Proſpectus. Et quel eſt donc ce particulier qui s'érige ainſi en Cenſeur univerſel, & qui veut montrer à lire à toute l'Europe !

M. Luneau a acheté de haſard en 1767 quelques Volumes de l'Encyclopédie auxquels la ſouſcription étoit jointe ; il en conclut qu'il eſt ſouſcripteur : voilà ſes droits. Quant à ſes moyens, ils font la matiere d'un Volume *in-quarto*, dont nous allons les extraire pour les apprécier. C'eſt le principal objet de cet écrit.

M. Luneau accuſe les Libraires aſſociés,

1°. *De n'avoir rempli aucune des conditions de leur Proſpectus, ſoit pour le nombre des Volumes, ſoit pour le caractere employé à leur compoſition typographique, ſoit enfin pour la dimenſion des pages.*

2°. *D'avoir compté aux Souſcripteurs plus de Planches qu'ils n'en ont fourni.*

3°. *D'avoir varié dans le prix des Volumes de Diſcours & des Volumes de Planches.*

Toutes les accuſations de M. Luneau ſe réduiſent à ces trois chefs, pour ce qui intéreſſe les Souſcripteurs. Le ſurplus du Mémoire roule ſur des objets qui leur ſont tout-à-fait étrangers, ou qui paroiſſent n'avoir été traités que dans l'intention d'amener des invectives & des railleries dont l'indécence ne fait honneur ni à la Cauſe ni à l'eſprit de leur Auteur. Souſcripteur de l'Encyclopédie depuis son origine, j'ai suivi tous les détails de cette Affaire, & je crois avoir autant de droit que M. Luneau d'exposer mon opinion. Je serai plus court que lui, parce que je ne fais point une Satyre ; & moins amusant, parce que je ne sais point dire d'injures.

1°. *Les Libraires associés ont-ils rempli les conditions du Prospectus sur le nombre de Volumes qu'ils avoient promis ?* Ils ont, sans doute, été plus loin que leurs promesses. Mais ont-ils pu les exécuter à la rigueur ? & des évenemens qu'il étoit impossible de prévoir, ne les ont-ils pas forcés de s'en écarter ? Si cela est, il faut s'en prendre à ces évenemens & non à eux.

Lorsqu'en 1750 ils annoncerent l'Encyclopédie en dix Volumes *in-folio*, dont deux de Planches, ils avoient en manuscrit & en dessins de quoi former à-peu-près ce nombre. L'Ouvrage exigeoit des avances trop considérables pour ne pas employer la voie de la souscription ; elle leur fut ouverte, & il fallut bien qu'en échange de l'argent qu'ils recevoient, ils promissent quelque chose : or ils promirent ce qu'ils avoient, du manuscrit pour huit ou neuf Volumes de Discours & des Dessins pour deux Volumes ; & ils n'en attendoient pas davantage. Mais à peine les premiers Volumes de cet Ouvrage eurent-ils été publiés, qu'il leur vint de toutes les contrées de l'Europe des richesses littéraires envoyées par ce qu'il y avoit de plus éclairé dans tous les genres. Que falloit-il qu'ils fissent alors ? Ils devoient ou refuser cette augmentation ou l'annoncer aux Souscripteurs pour savoir si elle leur convenoit : ils prirent ce dernier parti. En effet, on lit (page 3 de l'Avertissement des Editeurs, du Tome III.) : *nous ne croyons pas que l'Ouvrage s'étende beaucoup au-delà du nombre de Volumes que nous avons promis.* C'étoit avertir, d'une façon bien claire, qu'il y en auroit plus qu'on n'en avoit promis. Ce Volume parut en 1753 ; le Prospectus étoit encore alors entre les mains de tout le monde, on le diſtribuoit à qui en demandoit. Perſonne ne s'aviſa de ſe plaindre & de repréſenter que ſi on eût fait l'Ouvrage en Petit-romain & employé la même grandeur de pages que pour le Proſpectus, on auroit évité l'inconvénient de faire plus de Volumes qu'on ne devoit: c'étoit-là l'inſtant de la réflexion, ce devoit être-là le moment des plaintes ; aucune n'échappa. S'il eſt vrai, comme l'aſſure M. Luneau, qu'à cette époque les Libraires firent réimprimer les deux premiers Volumes pour répondre à l'empreſſement des Souſcripteurs, je ne connois pas de preuve moins équivoque de ſatisfaction. Bien loin de les accuſer alors de malverſation, on les encourageoit à ſurmonter les obſtacles qui leur étoient ſuſcités, à ſe venger des traverſes par la conſtance, & à tout faire pour donner à l'Ouvrage la perfection dont ſa nature & les circonſtances le rendoient ſuſceptible. L'Acquéreur avoit de puiſſans motifs de conſolation, puiſque l'Ouvrage tendoit perpétuellement à devenir plus intéreſſant en même tems qu'il devenoit plus diſpendieux ; & qu'à quelque inſtant qu'il le voulût, il en retrouvoit facilement le prix chez les Libraires mêmes ou d'autres particuliers. M. Viard, Souſcripteur depuis 1751, ne réclama point ; il avoit, comme tous les autres, le Proſpectus & les Volumes entre les mains. M. Luneau, Acquéreur de cet objet en 1767, a-t-il le droit d'exiger que ce que M. Viard lui a vendu en Cicéro & pour du Cicéro, lui ſoit garanti en 1771 pour du Petit-romain, par les Libraires aſſociés ? On ſe ſeroit moqué avec raiſon de M. Viard lui-même, s'il étoit venu, au bout de vingt ans, propoſer de pareilles réclamations : ſon Ceſſionnaire n'a pas d'autres droits que lui. Au reſte, je crois trop de lumieres à M. Luneau pour ſuppoſer qu'il ait voulu préſenter ſérieuſement cette objection ; je ſais qu'il en plaiſante lui-même avec ſes amis. Il a raiſon ; mais il devoit ne la traiter qu'avec ſes amis.

Les Libraires pouvoient encore employer un autre moyen, c'étoit de garder les nouveaux manuscrits qu'on leur envoyoit, pour servir de matériaux à des supplémens : on auroit consenti à les payer, sans doute ; la dépense auroit été la même pour les Souscripteurs, qui auroient eu de plus le désagrément de feuilleter plusieurs Volumes, pour s'instruire sur les mêmes matieres traitées dans le corps de l'Ouvrage & dans les Supplémens. C'est donc, on ne peut pas plus injustement, qu'on se plaint des Libraires associés pour avoir préféré le moyen le plus honnête & le plus commode, & qui réunissoit à ces avantages celui de convenir aux Gens de Lettres, qui vouloient jouir promptement du fruit de leurs travaux.

On sent comment cette immense collection a été portée si fort au-delà des bornes annoncées. Les interruptions fréquentes & forcées qui ont détaché quelques Co-opérateurs, ont porté jusqu'à l'enthousiasme le zele d'un plus grand nombre : c'étoit à qui auroit l'honneur ou le plaisir de contribuer à cette célebre entreprise.

Mais, dira M. Luneau, je ne me plains point du trop de Manuscrit ; je soutiens seulement qu'*en employant le caractere de Petit-romain, & en faisant les pages de la même longueur & de la même largeur que celles du Prospectus*, on n'auroit eu à-peu-près que la quantité de Volumes promise ; & je le démontre par des calculs typographiques. Mais j'observerai à M. Luneau ; que ce n'est que lors de la publication du troisieme Volume, qu'on a vu que la copie fourniroit plus qu'on ne s'y étoit attendu ; qu'en imprimant les deux premiers Volumes on l'ignoroit ; qu'on ne pouvoit pour la confection de ces Volumes prendre des dimensions qui ne devoient s'accorder qu'avec l'avenir ; & que si on eût commencé l'Ency-

clopédie en Petit-romain & avec la quantité de lignes
qu'il exige, on ne l'auroit dû annoncer qu'en six Volumes au lieu de huit, puisqu'on n'avoit alors en
manuscrit que la quantité nécessaire pour ce nombre
de Volumes.; & que dans ce cas il faudroit qu'il de-
mandât le Petit-texte au lieu du Petit-romain. Il doit
convenir qu'alors il eût été ridicule, ou qu'actuellement il est inconséquent. Il a donc été de toute né-
cessité d'employer le caractere & la forme de page
qui ont servi à l'Ouvrage. Le Prospectus (*) est
bien évidemment imprimé *sur le même papier & avec
les mêmes caracteres* ; il n'en promet pas davantage.
La justification des lignes est proportionnée à la
marge ; plusieurs Ouvrages du même genre, le Dictionnaire de l'Académie entr'autres, sont beaucoup
plus courts, & coûtent davantage. Jamais un caractere aussi menu que le Petit-romain n'a été employé
dans un *in-folio*, sinon pour les Notes. Si l'on se fût
servi du Petit-romain, le Volume auroit été vendu
plus cher. On a exécuté fidelement la partie des
conditions qu'on pouvoit exécuter. Il faut être en
procès avec les gens, ou en vouloir un, pour voir
les choses autrement.

Les Libraires associés n'ont donc pu ni dû ne donner l'Encyclopédie qu'en huit Volumes de Discours :
les Auteurs, les Editeurs & les Souscripteurs l'ont
donc voulu telle qu'elle est. M. Luneau a donc tort
de venir faire un crime aux Libraires d'avoir suivi
le goût & l'impulsion générale, à laquelle il leur eût
été impossible de résister.

A l'égard du *nombre des Volumes de Planches*, lors-

(*) Le projet ou corps du Prospectus est en Cicéro ; les Notes en Petit-romain ; & les conditions de la Souscription en
Saint-Augustin. Dans l'Ouvrage, le Discours est en Cicéro,
les Notes en Petit-romain, & les Avertissemens en Saint-Augustin.

que les Libraires affociés voulurent donner à la Gravure les six cents Deffins qu'ils deftinoient à accompagner le Difcours , ils s'adrefferent dans chaque genre à un Artifte qui , fous la direction de l'Editeur , pût donner fur fon Art tout ce qui ne devoit pas être omis : chaque Artifte voulut jouir du droit de diriger le travail dont on le chargeoit , de la maniere qu'il l'entendoit , & pour le mieux. Les Libraires avoient beau repréfenter à l'Editeur le nombre & leurs engagemens , l'Editeur leur répondoit: *Votre principal engagement eft de faire bien ; on ne vous reprochera jamais la quantité , mais bien l'imperfection : & dans une affaire de cette importance , la mefquinerie ne convient ni au Public ni à nous.* D'ailleurs le goût général des Soufcripteurs étoit fi marqué , que rien ne devoit arrêter , finon la crainte de les fervir mal. Dans l'impoffibilité de confulter le goût particulier de chacun d'eux & de le fuivre , il falloit bien que les Libraires fe déterminaffent d'eux-mêmes ; & comme c'eft le motif d'utilité publique qui paroît les avoir décidés, il n'y a rien à leur dire. Celui à qui cela ne convenoit pas devoit le leur repréfenter honnêtement : je les connois affez pour être certain qu'il eût été content de leur réponfe ; ils auroient repris l'objet au prix coûtant , & n'y auroient pas perdu. Si perfonne ne l'a fait , c'eft que perfonne n'a été mécontent.

Je finirai cette partie par une réflexion qui naît naturellement du fujet. Les Libraires auroient eu plus d'intérêt à remplir à la rigueur les conditions de leur Profpectus , foit pour le nombre des Volumes, foit pour les époques auxquelles on devoit les livrer. L'Ouvrage ayant été moins cher des deux tiers , la vente auroit été au-moins des deux tiers plus confidérable ; & ayant terminé la premiere édition avec l'année 1754, ils auroient eu le tems de faire deux réimpreffions complettes qui ne leur auroient rien coûté ni en manuscrit ni en dessins. Ils auroient vendu trente Volumes au lieu de vingt-six, & auroient bénéficié en proportion; & de ces trente Volumes, vingt ayant été simplement réimprimés, ils n'auroient eu à faire que la seule dépense de l'impression & du papier. Ils avoient donc le plus grand intérêt de se conformer à leur projet, s'ils l'avoient pu. Il faut par conséquent croire que des obstacles qui leur ont fait gagner moins, ne sont pas venus d'eux; & que c'est malgré eux qu'ils se sont écartés de conventions dont l'exécution leur eût été avantageuse, & eût prévenu toutes difficultés.

2°. *Les Libraires associés ont-ils compté aux Souscripteurs plus de Planches qu'ils n'en ont fourni?* Il est assez singulier qu'il y ait variété de sentimens sur une chose de calcul. Comment se peut-il que sur les mêmes objets M. Luneau differe assez des Libraires associés pour que le *compte des Planches effectives* soit, suivant lui, de 1672; & suivant le *calcul des Libraires*, de 1805?

M. Luneau m'aidera lui-même dans la solution de ce problême; il me certifiera qu'une Planche, quelque grande qu'elle soit, n'est jamais qu'une seule & unique Planche. Cela est incontestable. Mais il en conclura qu'une Planche double ou triple en surface d'une autre ne doit jamais être payée plus qu'une simple, quoique la dépense en soit double ou triple, & qu'elle renferme deux ou trois fois plus d'objets. La conséquence ne me paroît pas juste. Si je demandois à M. Luneau de me faire relier en un Volume son *Cours d'Histoire* (*) qui en contient deux, & que

____

* (*) *Cours d'Histoire Universelle.* Ouvrage de M. Luneau, qu'il vend un peu cher. C'est un in-8°, de Cicéro interligné, dont le premier Volume contient 374 pages & quelques Cartes d'impression en lettres équivalentes à une cinquantaine de pages. En comparant son prix, qui est de 5 l. 10 s. relié avec quelque autre

fous prétexte que le prix de chaque Tome eft 5 liv. 10 fols, je ne vouluffe lui payer que cette fomme, il m'objecteroit que ce Volume contenant autant de matiere que deux, il eft en droit de me le vendre comme en faifant deux. Je pourrois là-deffus faire, comme lui, des *commentaires* inutiles; lui dire, en me fervant de fes expreffions, qu'il a *deffiné* fes phrafes fur une *échelle double* des penfées; & prouver qu'à ce prix il gagne encore beaucoup. Mais aurois-je raifon? Pas plus que M. Luneau.

Je conviens avec lui qu'on auroit pu ne pas repréfenter la *Puce* & le *Pou* fous un volume capable de l'épouvanter. Mais puifque c'eft la feule faute de cette efpece qu'il croie avoir à reprocher, cela ne peut jamais juftifier la prétention de ne vouloir payer que comme Planche fimple toutes les Planches doubles, triples, &c. *J'y vois bien*, dit M. Diderot, *de quoi adreffer une bonne ou une mauvaife critique, mais non de quoi faire un procès.*

Il eft de toute juftice qu'une chofe double en valeur & en utilité foit d'un prix double, ou foit comptée pour deux; une triple, pour trois; une quadruple, pour quatre, *&c.* Il faut donc reftituer aux Libraires 117 Planches doubles, 5 Planches triples, & 2 Planches quadruples, qui ayant été comptées pour une chaque, leur rendent le nombre de 133, qui avec les 1672 avouées par M. Luneau, donnent le véritable nombre en valeur, fçavoir 1805 Planches.

Ouvrage connu du même format, l'Almanach Royal, par exemple, qui eft en Petit-romain & en Petit-texte, & dont les pages, au nombre de 588 cette année, font d'un pouce plus longues, on verra que ce dernier qui fe vend 6 liv. relié, contient au moins une fois autant de matiere qu'un Volume du *Cours d'Hiftoire Univerfelle*, & eft par conféquent à-peu-près de moitié moins cher.

3°. *Les Libraires ont-ils varié dans le prix des Volumes de Discours & des Volumes de Planches ?* Je cours au Prospectus, & j'y trouve que le Souscripteur payera le Volume de Discours 7 liv. de moins que celui qui n'aura pas souscrit, auquel il coûtera 25 liv. Le Volume est donc fixé à 18 livres pour le Souscripteur. Les huit Volumes ont donc dû revenir à

. . . . 144 liv. } 280 l.
Les six cens Planches à . . . 136 }

J'ai payé 126 livres, comme cela étoit convenu, pour les sept premiers ; mais, à la vérité, on m'a demandé 20 liv. pour le huitieme, & autant pour chacun des neuf suivans : ce qui a fait une somme de 200 liv. au lieu de 180 liv. Les Libraires associés répondent à cette objection que l'Ouvrage n'ayant pu être achevé en France, c'est Samuel Faulche, Libraire à Neufchâtel, qui a imprimé & vendu ces dix derniers Volumes ; que s'ils se sont prêtés à la distribution, c'étoit pour son compte & au prix que lui-même y avoit mis : & il est certain qu'on lit à la premiere page de chaque Volume le nom de ce Libraire étranger. Si c'est un mystère, il importe très-peu que M. Luneau & moi en connoissions les motifs. Ce que je sais & ce qu'il m'est permis de savoir, c'est que M. Luneau, qui veut n'avoir souscrit que pour huit Volumes, ne peut pas avec justice se plaindre de ce qu'on lui demande 2 livres de plus pour chacun des neuf derniers. Il ne se peut pas qu'il ait en même tems des droits comme Souscripteur & comme non Souscripteur. S'il n'a pas souscrit pour ces Volumes, pourquoi murmurer de ce qu'au lieu de les lui faire payer 25 livres, suivant le Prospectus, on ne lui en ait demandé que 20 livres ? S'il veut avoir souscrit, pourquoi trouver mauvais qu'on les lui fournisse ? Tous les Souscripteurs de l'Encyclopédie avoient fourni en 1751 , &c. des fonds pour l'impreſſion d'un Ouvrage en dix Volumes , qui devoit être terminé en 1754. Les empêchemens, qui ne ſont certainement pas venus de la part des Libraires , ont retardé cet Ouvrage de douze ans : on connoît les renchériſſemens ſurvenus au papier, à la main-d'œuvre & à toutes les conſommations pendant cet intervalle : à la date ſous laquelle les dix derniers Volumes ont paru, il y avoit quelque tems que les Libraires n'avoient plus de fonds au Public, tous les comptes ayant été ſoldés par la livraiſon du quatrieme Volume de Planches. On avoit dû faire, pour l'impreſſion de ces dix derniers Volumes, des avances immenſes , puiſqu'on n'en a fait qu'une ſeule livraiſon. Je ne trouve donc pas étrange que les Libraires de Paris ne nous devant plus rien, & Samuel Faulche ne nous ayant jamais rien dû, ce dernier nous ait fait payer 200 liv. ce qu'il pouvoit vendre 250 liv. M. Luneau prétend que les Libraires auroient dû exiger de Samuel Faulche qu'il fournît ces Volumes aux Souſcripteurs à raiſon de 18 liv. Je ne ſais s'ils l'ont pu. S'ils l'avoient fait , ce procédé eût été généreux: mais la généroſité ne s'exige pas. M. Luneau & moi leur devrions des remercimens ; nous en ſommes diſpenſés. Je conſeille à M. Luneau de prendre ſon parti comme moi.

A l'égard des 5 liv. 12 ſ. qu'ils ont demandés comme *indemnité* ſur la partie de l'Hiſtoire Naturelle, qui à la vérité leur a coûté des ſommes immenſes en Deſſins (*), en gravure & en papier, cette ſomme

---

(*) Les 104 premiers Deſſins de cette partie ont coûté 6000 livres , & un exemplaire complet de l'Ouvrage : c'eſt au-moins 70 liv. pour chaque Deſſin ſeulement , la *Puce* & le *Pou* comptées pour cinq. Le papier eſt beaucoup plus beau, la gravure a coûté beaucoup plus , ainſi que l'impreſſion. Au reſte , les Libraires n'ont pas cherché à ſurprendre à cet égard , ils avoient prévenu ſur cette augmentation, en livrant le Volume précédent.

n'a été payée que très-volontairement , & aucun Souscripteur ne peut se plaindre qu'on lui ait refusé le sixieme Volume faute par lui de la vouloir payer. Les Libraires se sont comportés si honnêtement dans la manutention de cet Ouvrage, que je n'ai pas cru, pour ma part, devoir leur refuser cette justice.

Ils ont imprimé les Planches sur un papier plus beau & plus cher du double que celui promis par le Prospectus.

Ils ont fait les Explications sur le même papier que les Planches, quoiqu'ils eussent pu économiser beaucoup à cet égard.

Ces mêmes Explications dans lesquelles ils auroient pu joindre plusieurs Arts ensemble pour y employer moins de papier, ils les ont toutes séparées pour la commodité du Lecteur.

Quoique l'Arrêt du Conseil du 21 Juillet 1759 ne leur ordonnât qu'une restitution de 72 livres, ils ont tenu compte aux Souscripteurs de 114 liv.

Ils n'ont compté jusqu'ici que 1794 Planches, quoiqu'ils en aient fourni réellement 1805.

Lorsque je vois des Commerçans ne rien ménager pour une affaire dans laquelle la moindre dépense est considérable ; quand je suis assuré qu'ils pouvoient épargner plus de 60000 liv. par une économie que personne n'eût pu blâmer, j'ai tout lieu de penser que l'indemnité qu'ils demandent est raisonnable : & l'ayant accordée, il ne m'est plus permis d'y revenir, puisque c'est en connoissance de cause que j'y ai consenti.

Variation dans le prix des Volumes de Planches. Le prix des 600 premieres Planches établi par le Prospectus, reconnu & avoué par M. Luneau, est de 136 liv. Les Libraires associés en ont fourni jusqu'à ce jour 1805 comptées pour 1794. Nous avons payé, tous les Souscripteurs & moi, 411 liv. Otons de ces 411 liv. les 5 liv. 12 s. accordés pour l'Histoire Naturelle, il reſtera 405 liv. 8 ſ. Or je trouve que 608 Planches valant 136 livres, 1794 valent 406 liv. 12 ſols 9 deniers. Il eſt clair que bien loin d'avoir été trompé, j'ai payé en totalité 1 liv. 4 ſols 9 den. de moins que je ne devois.

Que M. Luneau s'engage tant qu'il voudra dans des calculs effrayans; qu'il tâche de perſuader, comme il lui plaira, ce qu'il ne croit pas lui-même : la vérité qui me guide, ne me permet pas de m'égarer avec lui. Pourvu que je me ſois bien convaincu & que j'aie démontré aux autres Souſcripteurs que les Libraires aſſociés à l'Encyclopédie ont été fideles à leurs engagemens; que la totalité des Planches a été par eux vendue au prix convenu, il s'enſuivra néceſſairement que M. Luneau s'eſt trompé. Ce n'eſt pas qu'à la lecture réfléchie de ſon Mémoire on n'apperçoive le faux & le captieux des comptes qu'il s'eſt donné la peine de faire. Mais je n'ai pas beſoin, comme lui, de faire un Volume *in-4°*; j'obſcurcirois une queſtion que mon deſſein eſt d'éclaircir. Je vais toutefois lui faire quelques obſervations qui éclairant ſa marche, feront appercevoir ſon but & détruiront ſon ſyſtême.

M. Luneau étaie tout ſon édifice ſur deux prétentions injuſtes; la premiere, que nous avons réfutée, de n'admettre que comme Planches ſimples celles qui ſont doubles & triples; & comme dans chaque livraiſon la quantité de ces Planches doubles & triples n'eſt pas la même, la réduction qu'il en fait porte la valeur de la Planche à des prix différens dans chaque Volume, ce qu'il préſente enſuite comme une inconſéquence ridicule de la part des Libraires (*Mém.* de M. Luneau, pag. 101.). Enſuite comme les Libraires, d'après la fixation du mille à 226 livres, ont évalué la Planche dans leurs Avis, tantôt à 4 ſ. 3 deniers, tantôt à 4 ſ. 6 deniers, il en conclut que c'eſt une exaction de leur part d'avoir reçu 226 liv.

pour mille Planches ; tandis que le prix avoué par eux étant 4 f. 3 den. ou 4 f. 6 deniers, la somme totale n'est pas exactement 226 liv. On sent combien sont misérables ces chicanes, fondées sur des erreurs occasionnées par l'impossibilité de diviser sans fraction 226 liv. par mille Planches ; mais elles étoient nécessaires pour *grossoyer* un Mémoire, & pour colorer des duretés qui ne sont pas épargnées.

La seconde prétention de M. Luneau, aussi peu juste que la premiere, est de tirer avantage d'une Reconnoissance particuliere du sieur Briasson en date du 10 Juin 1763, par laquelle il promet la troisieme livraison *& les suivantes* à raison de 28 liv. pour chaque Volume de 250 Planches. Je demanderai d'abord à M. Luneau comment il se persuade à lui-même que les Libraires aient pu avoir l'intention de donner pour 28 liv. en 1763, ce qu'ils faisoient payer 56 liv. 10 f. en 1750, tems où le papier & les consommations étoient à meilleur marché, & où ils avoient des fonds au Public ? *Les Souscripteurs*, dira-t-il, (pag. 81.), *étoient las de nourrir sans cesse une souscription dévorante . . . L'annonce du Recueil des Arts de l'Académie les força de proposer leurs Planches au rabais.* Mais si les Libraires avoient voulu diminuer de plus de moitié le prix de leurs Planches, ils s'en seroient expliqué d'une maniere précise, pour en instruire le Public. M. Luneau dit qu'ils ne ménageoient pas les Avis : c'étoit bien-là le cas d'en donner, puisqu'alors il y auroit eu réellement variation. Les autres Avis, qui ne faisoient que s'appuyer les uns les autres, étoient bien moins nécessaires. Aucun ne parut sur cet objet ; aucun Volume ne fut vendu à ce prix de rabais ; ils y auroient perdu : il y avoit donc visiblement erreur. M. Luneau infere de ce que la Reconnoissance qu'il a entre les mains est numérotée 500 & tant, que plus de 500 semblables ont été délivrées : outre que le n° 500 & tant a peut-être

(15)

été délivré seul, parce que le Souscripteur proprié-
taire de ce n°. a pu se présenter le premier, il faut
qu'il y en ait bien peu de semblables, puisque M.
Luneau ne s'est procuré que celle-là, malgré tout le
zèle de ses recherches. Pour juger bien sainement si
cette Reconnoissance, signée d'un seul des Associés,
est ou n'est pas erronnée, il n'y a qu'un moyen, c'est
de remonter aux *conditions publiées* (& la Reconnoissance les rappelle en propres termes), connues,
consignées dans ce qui avoit précédé. Cet examen
convaincra que le prix des Planches est de 226 liv.
le mille, puisque l'on a payé pour le premier 112
livres, après avoir donné d'avance 114 livres, &
que cette somme de 226 livres pour un mille est en
proportion de celle de 136 liv. pour les six cens an-
noncée dans le Prospectus & dans tous les Avis. La
bonne foi n'indique que ce moyen de fixer les *Planches suivantes*. L'envie de nuire peut seule faire pro-
noncer autrement, & tâcher même de donner à cette
chimere un effet rétroactif. En effet, on voit dans le
Tableau de M. Luneau les 52 Planches restantes du
troisieme Volume portées à ce même prix, quoique
la Reconnoissance annonçant, suivant lui, un rabais,
n'ait été livrée qu'en fournissant ce Volume. Je ter-
minerai cet article par une question. Si le sieur
Briasson, au lieu de se tromper contre lui, se fût
trompé de moitié en sa faveur, qu'auroit dit M. Luneau ? Le ton qui regne dans son Mémoire le fait ai-
sément deviner. Dans cette supposition, si le sieur
Briasson avoit eu tort de se faire payer suivant sa
Reconnoissance, on a tort dans l'autre cas d'exiger
de lui qu'il s'y conforme.

*Les Libraires associés à l'Encyclopédie ont-ils eu le
droit, après l'expiration du terme donné pour souscrire,
d'augmenter de 24 liv. le prix de la Souscription ?* Ici
M. Luneau est visiblement sans intérêt ; sa souscription n'est pas du nombre de celles augmentées. L'a-

mour du bien public seul a pû l'échauffer. Le manuscrit de l'Encyclopédie appartenoit aux Libraires af-
sociés, soit à titre d'acquisition, soit à titre de don,
pour être employé dans l'Ouvrage tel qu'il étoit
donné ou vendu. Jamais personne ne s'étoit avisé de
penser qu'il appartînt aux Souscripteurs : cette idée
singuliere étoit réservée à M. Luneau. Les Libraires
pouvoient imprimer mille ou dix mille exemplaires,
perdre ou gagner des millions, sans que cela inté-
ressât en rien les Souscripteurs ; il leur importoit
seulement que les conditions respectives fussent exé-
cutées. Or ces conditions engageoient les Libraires
à leur fournir l'impression à tant le Volume, & non
à rendre aucun compte. Propriétaires de leur chose,
ils pouvoient y mettre le prix qu'ils vouloient,
comme le Public étoit libre de prendre ou de laisser
l'Ouvrage. Le Prospectus fixoit au premier Mai
1751 le terme de la Souscription, & portoit à 25 l.
le prix du Volume de Discours pour les non-Sou-
scripteurs. C'est par condescendance qu'ils se sont
prêtés à admettre de nouveaux Souscripteurs, à pro-
longer le terme annoncé. Maîtres de mettre une con-
dition à cette complaisance, ils n'ont certainement
pas abusé de leur droit en demandant de plus une
modique somme de 24 liv. à ceux qui avoient attendu que le premier Volume fût publié, & qui s'é-
toient assurés du mérite & du succès de l'Ouvrage
avant de rien risquer. M. Luneau atteste que cela est
contraire aux Réglemens de la Librairie : ce ne peut
être que du côté des formalités ; car il est impossible
que ce qui est souverainement juste soit prohibé par
aucune Loi, & qu'on peche contre l'honnêteté en
donnant son bien à meilleur marché qu'on ne l'a-
voit promis. M. Luneau accorde aux Libraires la
liberté de vendre à ceux qui ne se seroient pas pré-
sentés pour souscrire avant le premier Mai 1751,
chaque Volume de Discours 25 livres, & six cens
Planches

Planches 172 livres : ce qui paroît actuellement de l'Encyclopédie vaudroit à ce prix à-peu-près 940 l. C'est un bénéfice de 180 liv. environ, & la jouissance successive des Volumes de l'Ouvrage, qui ont été procurés aux nouveaux Souscripteurs : comment M. Luneau entend-il qu'il faut encore leur rendre 24 livres ? Quels sont donc les principes dont l'Adversaire des Libraires peut faire découler une conséquence aussi bisarre que celle d'obliger à restitution envers ceux à qui on a fait un don, & uniquement pour l'avoir fait !

Après avoir attaqué les fondemens de l'édifice qu'a construit l'imagination de M. Luneau, il reste à détruire la principale piece, qui est son Tableau. Pour cela il n'est question que de rassembler tout ce qu'on a vu ci-dessus, & d'en faire une application rapprochée. Cette opération demande quelques explications préliminaires.

Le Tableau de M. Luneau est divisé en trois parties ; la premiere contient les huit premiers Volumes de Discours & les trois premiers Volumes de Planches ; la seconde comprend les neuf derniers Volumes de Discours ; & la troisieme, les quatrieme, cinquieme, sixieme & septieme Volumes de Planches. Il a interverti l'ordre & changé la date des livraisons, pour avoir occasion de mêler le huitieme Volume de Discours avec les 600 premieres Planches, & paroître se conformer à l'annonce du Prospectus. Mais les Libraires ayant été forcés dans la distribution des Volumes de suivre une autre marche, & n'ayant pu fournir que les sept premiers Volumes de Discours, nous renverrons le huitieme à la livraison faite par l'Etranger des dix derniers, puisque cela est conforme à la maniere dont les choses se sont passées. Un autre motif l'exige.

Les Libraires ayant annoncé mille Planches au lieu de 600, & en ayant fixé le prix, en raison des

B

conventions, à 226 livres, fur quoi ils avoient reçu
114 livres, avertirent que ces mille Planches feroient
partagées en quatre Volumes & les 112 liv. reftant
à recevoir, en quatre payemens égaux de 28 livres
chacun. La matiere ne leur permettant pas de com-
pofer chaque Volume de 250 Planches jufte ; & les
divifions des payemens & de la quantité des Planches devenant indifférente, pourvu que le quatrieme
Volume acquittât exactement & les mille Planches
& les 112 livres, pour la commodité du Public & la
leur, ils reçurent 28 livres, 48 liv. & 36 liv. Il convient donc de raffembler ces quatre Volumes, puif-
qu'ils fe foldent réciproquement.

Une feconde raifon qui a déterminé M. Luneau à
placer dans fa premiere Partie le huitieme Volume,
c'étoit pour avoir lieu de dire qu'ayant été payés &
au-delà de ce Volume & des trois premiers Volumes
de Planches par les 76 liv. reçues, les Libraires en
avoient exigé deux fois le prix en faifant payer 200
liv. pour les dix derniers Volumes dont il faifoit
partie. L'idée d'accufer les Libraires d'avoir fait
payer deux fois la même chofe, lui a paru d'une dé-
couverte fi heureufe, & il s'y complaît tellement,
qu'il y revient plufieurs fois dans fon Mémoire.

On va juger fi fes prétentions font bien fondées,
par le Tableau que j'offre ici de la totalité des fom-
mes payées par les Soufcripteurs & des livraifons
qui leur ont été faites, en oppofition à celui de M.
Luneau, dont les différences avec celui-ci fe trou-
vent annullées.

TABLEAU servant à faire connoître les sommes payées par les Souscripteurs de l'Encyclopédie.

CONDITIONS proposées aux Souscripteurs, extraites du Prospectus.

Ce Dictionnaire sera imprimé sur le même Papier & avec les mêmes Caracteres que le présent Projet. Il aura dix Volumes in-folio, dont huit de matiere, de deux cens quarante feuilles chacun; & six cens Planches en Taille-douce, avec leur Explication, qui formeront les Tomes IX. & X.

On ne sera admis à souscrire que jusqu'au premier Mai 1751; & l'on payera en souscrivant, 60 liv.

En Juin 1751, en recevant le premier Volume, ... 36 liv.
En Décembre suivant, ... le second Volume, ... 24 liv.
En Juin 1752, ... le troisieme Volume, ... 24 liv.
En Décembre suivant, ... le quatrieme Volume, ... 24 liv.
En Juin 1753, ... le cinquieme Volume, ... 24 liv.
En Décembre suivant, ... le sixieme Volume, ... 24 liv.
En Juin 1754, ... le septieme Volume, ... 24 liv.
En Décembre suivant, ... le huitieme Volume, avec les 600 Planches en Taille-douce, qui formeront les Tomes IX. & X. .... 40 liv.

                 TOTAL, ... 280 liv.

Ceux qui n'auront pas souscrit payeront les Volumes à raison de vingt-cinq liv. chacun en feuilles, & les six cens Planches à raison de cent soixante-douze livres; ce qui formera une somme de .... 372 liv.

Dans le cas où la matiere de cet Ouvrage produiroit un Volume de plus, les Souscripteurs payeront ce Volume sept livres de moins que ceux qui n'auront pas souscrit.

Epoques. LIVRAISONS.   SOMMES PAYÉES AUX LIBRAIRES.

Epoques. Livraisons.	Pour le Discours.	Pour les Planches.
1750. En souscrivant, ... 60 liv.		60 liv.
1751. I. Vol. de Discours, ... 36 liv.	18 liv.	18 liv.
1751. II. Vol. de Discours, ... 24 liv.	18 liv.	6 liv.
1753. III. Vol. de Discours, ... 24 liv.	18 liv.	6 liv.
1754. IV. Vol. de Discours, ... 24 liv.	18 liv.	6 liv.
1755. V. Vol. de Discours, ... 24 liv.	18 liv.	6 liv.
1756. VI. Vol. de Discours, ... 24 liv.	18 liv.	6 liv.
1757. VII. Vol. de Discours, ... 24 liv.	18 liv.	6 liv.
240 liv. dont	126 liv.	114 liv.

(accolade: *dont* — *pour ce Volume* & — *à compte sur les Planches.*)

Après cette livraison, le Privilege fut révoqué; & comme on n'avoit reçu aucun Volume de Planches, quoiqu'on eût payé un à-compte de 114 liv. les Libraires publierent le premier mille en quatre Volumes, ou trois Livraisons; sçavoir:

1762. I. Livraison des Planches, contenant ... 269 Pl.		28 liv.
1763. II. Livraison des Planches, (*) 435		48 liv. } 112 l.
1765. III. Livraison des Planches, ... 299		36 liv.
1003 Pl.		

      } 226 liv.

(*) Nota. La seconde Livraison est composée des Vol. II. & III. enforte que les six Livraisons font sept Volumes.

1766. A la suite de cette Livraison, un Libraire étranger publia les dix derniers Vol. de Discours, pour la somme de	200 liv.	
1767. IV. Livraison des Planches, contenant 248		56 liv. 10 s.
1768. V. Livraison des Planches, ... 295		72 liv.
1769. VI. Livraison des Planches, ... 259		56 liv. 10 s.

Il a été payé ..... Pour .... 1805 Pl. .... 411 liv. } 737 liv. *en totalité.*
Et pour 17 Volumes de Discours, ... 326 liv.

Pour recevoir les Tomes VIII. IX. & X. il restoit à payer aux Libraires 40 liv. sçavoir, 18 liv. pour le tome VIII. qui devoit être le dernier de Discours; & 22 liv. pour le complement du prix des 600 Planches fixé à 136 liv. Ils ne donnerent pas ce Volume, & ne recurent pas les 18 liv. Mais ils publierent les Planches, & recurent les 22 liv. qui leur étoient dûes avec les 90 l. que valoient les 400 Planches excédentes, par conséquent 112 liv. en fournissant le premier mille; ce qui, avec les 114 liv. recues à compte, formoit en totalité, pour le prix du mille de Planches, 226 liv.

Les Libraires associés ont donc fourni jusqu'ici 1805 Planches divisées en six Livraisons, & payées 411 liv.

M. Luneau ne contestant point le prix des 600 premieres Planches à 136 liv. nous ne différons que sur le nombre & sur le prix des suivantes.

Suivant M. Luneau.

1°. .... 52 Planches restantes sur la II. Livraison, à 2 s. 3 d. .... 5 liv. 17 s.
2°. III. Livraison, 275 Pl. à 2 s. 3 d. .... 30 liv. 18 s. 9 d.
3°. IV. Livraison, 236 .... 26 liv. 11 s.
4°. V. Livraison, 266 .... 29 liv. 18 s. 6 d.
5°. VI. Livraison, 243 .... 27 liv. 6 s. 9 d.

   1072 Pl. à 2 s. 3 d. .... 120 liv. 12 s.

Suivant les Libraires & les conditions du Prospectus.

403 Pl. restantes du premier mille contenu dans les trois premieres Livraisons, dont les 600 premieres ont été payées 136 liv. (comptées pour 400,) .... 90 liv.
248 Pl. composant la IV. Livraison, comptées pour 250, ... 56 liv. 10 s.
295 Pl. composant la V. Livraison, comptées pour 294, dont 250, ... 56 liv. 10 s.
     44, ... 9 liv. 18 s. } 72 liv.
Indemnité accordée sur l'Histoire Naturelle, ... 5 liv. 12 s.
259 Pl. composant la VI. Livraison, comptées pour 250, ... 56 liv. 10 s.

   1205 Pl. comptées pour 1194; .... 275 liv.

M. Luneau n'évaluant qu'à 120 liv. 12 s. ce qui a été payé & dû être payé 275 liv. on trouve la différence entre les deux sommes, qui est de .... 154 liv. 8 s.
A quoi ajoutant les 20 liv. qui ont été payées de plus sur les dix derniers Volumes de Discours, ... 20 liv.

Cela forme le total de sa prétendue répétition, qui est de .... 174 liv. 8 s.
Les derniers Souscripteurs ayant payé 24 liv. de plus, cette somme jointe aux 174 liv. 8 s. forme celle que M. Luneau redemande pour eux, qui est de .... 198 liv. 8 s.

Dans ce calcul, je restitue aux Libraires les 133 Planches que M. Luneau refuse d'admettre, parce qu'elles viennent des doubles, triples & quadruples: mais comme au lieu de 1805 fournies réellement, ils n'en ont fait payer que 1794, ou 11 de moins, le nombre de 133 se trouve réduit à 122, qui est la différence de 1072, compte de M. Luneau, à 1194, compte des Libraires. Plus, je porte les mêmes Planches, que M. Luneau fixe de son autorité à 2 s. 3 d. au même prix que les premieres; & j'ai prouvé que cela étoit juste.

J'ai dit que quand les Libraires associés auroient perçu pour eux-mêmes l'augmentation de 20 liv. sur les dix derniers Volumes de Discours, cette augmentation seroit facile à justifier; & je l'ai fait.

J'ai démontré que la répétition de 24 liv. de la part des nouveaux Souscripteurs seroit au moins aussi ridicule qu'injuste.

Je me flatte donc que tous les Souscripteurs, & M. Luneau lui-même, seront convaincus de la fausseté de son Tableau & de l'injustice de sa demande en restitution de 174 liv. 8 s. ou 198 liv. 8 s.

Supplément à l'Errata du Mémoire & du Tableau de M. Luneau.

L'Errata que l'on voit à la fin du Mémoire de M. Luneau, feroit croire, par son étendue, qu'il y a rectifié toutes les erreurs qui se sont glissées ou par son fait ou par celui de l'Imprimeur : cependant j'ai remarqué quelques fautes de calcul & quelques contradictions sur lesquelles sans doute il recevra mes observations avec reconnoissance ; elles pourront lui être utiles pour une nouvelle édition plus correcte.

Je ne parlerai pas de ses variations dans la restitution qu'il demande, qui dans son Tableau est de 174 livres 8 sols, & à la premiere page de son Mémoire de 457 liv. Il prétend avoir de bonnes raisons pour cela, quoiqu'il dise dans le Tableau que le *bénéfice de* 1, 809, 895 liv. 13 s. 6 den. soit *légitime pour les Libraires*, & qu'il le réduise à 682, 341 liv. 16 s. 2 den. à la premiere page.

Page 2 intitulée *Preuve des Faits*, &c. on lit :
» Les dix-sept Volumes de Discours ont du coûter
                                    613,325 L.   5 s.
» Les sept premiers Volumes de Plan-
» ches ont dû coûter   422,961   16   11 d.
                                    1, 036, 287 l.   1 s. 11 d.

Le *Tableau* dit pour les mêmes objets :
» On est en état de démontrer que la totalité de l'Entreprise
» n'a coûté que   938, 291 l. 2 s. 6 d.

Même page 2, on lit :
» 1002 Souscripteurs (anciens)
» 3098 Souscripteurs (nouveaux)
» 4100.

Le *Tableau* dit à la même occasion :
» 1826 Souscripteurs (anciens)
» 1592 Souscripteurs (nouveaux)
»   682 Exemplaires vendus sans souscription
» 4100.

Même page 2, on lit *ligne première* :
» Après la distribution des deux derniers Volumes de Planches
» de l'Encyclopédie,
» 1002 Souscripteurs (anciens) auront payé 850 liv. par exem-
  » plaire, ou   851,700 l.
» 3098 Souscripteurs (nouveaux) auront payé
  » 874 liv. par exemplaire, ou   2,707,652.
» La vente des cuivres,   230,000.
                                                         ———————
                                                         3,789,352.

Observez que M. Luneau fait entrer ici en recette les deux Volumes de Planches qui restent à publier, lesquels il porte à 113 l. pour chaque Souscripteur ancien ou nouveau. (Il les suppose de 250 Planches chacun, & du prix de 113 liv. les deux. Comment le devineroit-il, s'il ne sçavoit pas que c'est le prix convenu ? Et si c'est le prix convenu, pourquoi le conteste-t-il ?)

Et ensuite on lit *ligne 26* :
» Il restera aux Libraires, ... *après avoir distribué gratuitement*
» *les deux derniers Volumes de Planches*, en pur gain fait sur l'ar-
» gent des Souscripteurs,   682,341 l. 16 f. 2 d.

Si les Libraires *distribuent gratuitement les deux derniers Volumes de Planches*, il faut en supprimer le prix en recette; ils ne peuvent pas en même tems les fournir gratuitement & en être payés. La recette est donc forcée, par un double emploi, de 4100 fois 113 liv. ou 463, 300 liv. Le gain des Libraires n'est donc plus 682, 341 liv. 16 sols 2 deniers, mais seulement 219, 041 liv. 16 f. 2 deniers; & ce gain étant moindre que le prix de leurs cuivres qui (toujours d'après M. Luneau) ont été vendus 230,000 livres, il s'enfuit que sans cette vente, ils perdroient la diffé-rence de 230, 000 l. à 219, 041 l. 16 f. 2 deniers, c'est-à-dire 10958 livres 3 sols 10 deniers (*). Si c'est

______

(*) *Preuve tirée des calculs mêmes du sieur Luneau, page 2 de son Mé-moire*. Les Libraires, dit-il, ont dépensé pour les dix-sept Volumes de Discours, les sept Volumes de Planches publiés, & les deux Volumes qui

par inattention que M. Luneau se conduit lui-même
à des conséquences aussi absurdes & se trompe dans
un seul article de 463, 300 livres, il doit être bien
en garde contre lui-même ; mais si c'est volontaire-
ment . . . . . je lui laisse la phrase à finir : & je supplie
tout Lecteur impartial de juger de la confiance que
mérite un écrit où se trouve ainsi traité l'article in-
titulé *Preuve des Faits*.

Ce n'est pas tout. On lit *page 10, ligne 5 :*

» Au 29 Avril 1751, le sieur Briasson seul avoit déja distribué
» 1002 souscriptions valant *un peu plus* de 60120 liv.

Pourquoi dire *un peu plus*, quand on est sûr soi-
même que c'est *beaucoup moins ?* Les 1002 souscriptions à 60 liv. valent juste 60120 liv. Mais M. Luneau, qui nous assure qu'aucun homme de Lettres
ne connoît la Librairie comme lui, devoit-il oublier
d'avouer que tous les Libraires font à leurs Confre-
res une diminution sur ce qu'ils leur vendent ? Cette
diminution a été, sur la seule souscription de l'Encyclopédie, de 12 livres pour les Libraires de Paris,
de 24 livres pour ceux de Province , & de 36
livres pour l'Etranger : on la cede même souvent à
certains particuliers. M. Luneau devoit d'autant
moins se permettre cette réticence, que sa propre
souscription est dans ce cas-là ; elle porte le n°. 1339
a. s. a été prise par M. Viard le 25 Juin 1751 , &
n'a été payée que 48 liv. Une remise proportionnée
a été faite sur chaque Volume de Planches par les
Libraires associés, & sur les dix derniers Volumes
de Discours par le Libraire étranger qui les a vendus. Les Libraires, Colporteurs, Commissionnaires
ou autres à qui on fait cette diminution, consom-
ment ordinairement les trois quarts des Editions.

---

doivent paroître, 1,158,958 liv. 3 s. 10 den. La restitution qu'il demande de 457 liv. pour les anciens Souscripteurs & de 481 liv. pour les
nouveaux, réduit à 280 liv. le prix de chaque exemplaire. Or 4100 exemplaires à 280 liv. chacun, ne produisent que 1,148,000 liv. Donc les Libraires perdroient 10958 liv. 3 s. 10 d.

Cet objet seul diminue la recette de l'Encyclopédie de 150, 000 liv.

Pages 33, 35, & dans cent endroits de son Mémoire, M. Luneau certifie que l'Encyclopédie a été imprimée à *4250 exemplaires.*

De-là passez à la Note de la page 124, vous y lirez qu'*on défie le sieur le Breton de désavouer que l'Encyclopédie ait été imprimée chez lui à 4100 exemplaires.* Je ne sais ce que cela signifie : mais il est de la plus exacte vérité que cet Ouvrage n'a été imprimé ni à *4100* ni à *4250 exemplaires.*

Ajoutons à ces observations : Que M. Luneau suppose dans ses calculs ce qui n'est pas même vraisemblable, que tous les Volumes de l'Encyclopédie sont retirés & vendus, sans en excepter un seul : Qu'il fixe le prix de l'impression plus d'un tiers audessous de sa valeur : Que le prix du papier est beaucoup trop foible : Qu'il diminue de même toutes les parties de dépense : Qu'il porte à 60000 liv. les faux frais d'une Entreprise aussi immense & aussi traversée ; faux frais qui ont dû monter à plus de 120, 000 livres, le magasin encyclopédique ayant essuyé jusqu'à un incendie : Qu'il n'admet que 150, 000 liv. pour l'acquisition du Manuscrit & les honoraires des Editeurs, qui font un objet de plus de 400, 000 livres : Qu'il tait, lui qui se plaint si amérement de la difficulté d'être payé par les Libraires, qu'il tait, dis-je, les banqueroutes & pertes montant à près de 100, 000 livres : Qu'il est absurde d'avancer que l'Encyclopédie imprimée même à 4250, ait pu produire 4200 exemplaires complets. Et nous saurons ce qu'il faut penser de cette phrase de M. Luneau, (*page 70 ligne 5 de la Note*) » *On doit observer dans* » *ce Mémoire que je n'avance rien au hasard* ».

LES Libraires ont gagné sans doute sur l'Encyclopédie : mais où est l'homme qui ne cherche pas à profiter de son état ? Ne seroit-ce un crime que pour eux ? Lorsque le gain est légitime, quelque considérable qu'il soit, il doit être respecté. Une Entreprise auffi immenfe par fon étendue & par fa durée, doit, lorfqu'elle a quelque fuccès, être lucrative. Celle-ci a été accompagnée de tant de rifques, qu'elle auroit dû ne pas expofer aux effets de la jaloufie. Que m'importe à moi ce que les Libraires ont gagné ? L'Ouvrage qu'ils m'ont vendu n'eft pas cher en pro-portion de la quantité de Volumes ; les réimpreffions que l'on en fait de tous côtés fe vendent au même prix, quoiqu'il n'en ait rien coûté ni en manufcrit, ni en Deffins, ni en faux frais. Je puis, quand je le vou-drai, céder mon exemplaire à 300 liv. de bénéfice, après en avoir joui (*). En quoi donc ai-je été léfé ? Mais fi j'avois mauvaife grace de me plaindre, moi qui ai foufcrit en 1751, que doit-on penfer de celui qui ayant acquis ce Livre en 1767, tems où prefque tout étoit fini, tems où les dix-fept Volumes de Dif-cours & les cinq premiers de Planches étoient pu-bliés, vient intenter un procès, parce qu'on lui a fourni plus de huit volumes de Difcours & de deux de Planches ? Si l'Encyclopédie ne lui convenoit pas telle qu'elle eft, il pouvoit la laiffer. Que d'inquié-tudes, que de peines, que de dépenfes n'eût-il pas épargnées aux Libraires & à lui-même !

Il réfulte de tout ce que je viens de dire que fi les prétentions de M. Luneau étoient autorifées ; fi fa ré-pétition de 174 liv. 8 f. étoit déclarée jufte, les Li-braires affociés à l'Encyclopédie auroient perdu le fruit de vingt-cinq ans de travaux & de patience ; & que fi fa demande de 457 liv. étoit admife, ils per-

---

(*) Si l'on ajoute à ces 300 liv. dont je puis bénéficier fur mon Encyclopédie, les 457 liv. que M. Luneau fe tourmente fi généreufement pour me faire reftituer, j'aurai placé mes fonds à un intérêt affez avantageux. Pour lui, qui n'eft acquéreur que depuis 1767, il aura gagné près de quatre cents pour cent, en quatre ans. Les Libraires affociés auront procuré à la totalité des Soufcripteurs (4100 felon le Mémoire) un profit de 3,103,700 liv.

droient, s'il étoit possible qu'il payaffent, environ un tiers fur chaque exemplaire de l'Encyclopédie. Leur Adverfaire n'a pas pû appercevoir cette conféquence ; la fauffeté de fes calculs, quelle qu'en foit la caufe, ne le lui permettoit pas.

Lorfque fous un prétexte auffi foible que celui d'une répétition mal fondée de 174 liv. 8 f. fur une affaire confommée au gré de toutes les Parties, on fe permettra impunément de jetter le trouble dans les familles, qui pourra fe promettre la tranquillité ! Il exifte dans la fociété des états dont les bénéfices font bien autrement confidérables, fans être moins légitimes. Ceux qui les poffedent doivent trembler au feul nom de M. Luneau ; s'il fe permet des attaques auffi violentes contre des gens dont il connoît lui-même la droiture, que n'ont-ils pas à craindre de lui, s'il efpere de les épouvanter pour les mettre à contribution ! M. Luneau dit que fa Caufe eft celle de tous les Soufcripteurs ; la Caufe des Libraires eft celle de tous les Citoyens.

Loin de nous la penfée que l'Entreprife de Librairie la plus recommandable pour la Patrie & pour nos Contemporains, dont le fuccès eft dû autant au zele & à la conftance de deux Commerçans, qu'au courage de l'Homme de génie qui y a préfidé, puiffe être l'occafion de la ruine de ceux qui l'ont imaginée. Les Magiftrats éclairés, devant lefquels va être porté ce procès unique en fon genre, ne permettront pas que nos neveux aient à nous reprocher que l'Encyclopédie, ce monument immortel deftiné à tranfmettre aux fiecles les plus reculés les lumieres de celui dans lequel nous vivons, ait été le tombeau de l'honneur & de la fortune de ceux à qui nous la devons. La fin de cet Ouvrage que toute l'Europe attend avec empreffement, ne fera point arrofée de vos larmes, honnêtes Citoyens. Raffurez-vous ; le cri de la reconnoiffance fera plus fort que celui de l'envie.

F I N.